www.ingramcontent.com/pod-product-compliance
Lightning Source LLC
Chambersburg PA
CBHW081513220526
45467CB00010B/2899
* 9 7 8 1 7 0 7 2 9 6 4 8 4 *